Gestion du Stress et Résilience : Stratégies pour Affronter les Défis

Pascal Leroy

Published by Pascal Leroy, 2024.

GESTION DU STRESS ET RÉSILIENCE : STRATÉGIES POUR AFFRONTER LES DÉFIS

First edition. March 22, 2024.

ISBN: 979-8224772421

Written by Pascal Leroy.

Table des Matières

Gestion du Stress et Résilience : Stratégies pour Affronter les Défis

Table des matières

- ○ Techniques rapides pour gérer le stress au travail
- ○ Gérer les imprévus avec calme et sérénité

8. **Techniques de relaxation et respiration**
   - ○ Techniques de respiration profonde
   - ○ Relaxation musculaire progressive
   - ○ Biofeedback pour la relaxation

9. **La méditation guidée pour réduire le stress**
   - ○ Fondements de la méditation guidée
   - ○ Séances de méditation pour la gestion du stress
   - ○ Applications pratiques dans la vie quotidienne

10. **Exercices physiques et yoga anti-stress**

- Lien entre l'exercice physique et la gestion du stress
- Séances de yoga pour la relaxation
- Trouver l'équilibre entre effort et repos

1. **Nutrition équilibrée pour lutter contre le stress**
   - ○ Aliments anti-stress et leurs bienfaits
   - ○ Lien entre alimentation et stabilité émotionnelle
   - ○ Éviter les habitudes alimentaires stressantes

2. **La gestion du temps pour minimiser le stress**
   - ○ Techniques de planification efficaces
   - ○ Prioriser les tâches pour réduire le stress
   - ○ Éviter la procrastination

3. **Techniques de relaxation musculaire progressive**
   - ○ Principes de la relaxation musculaire progressive
   - ○ Exercices pratiques pour détendre les muscles
   - ○ Intégrer la relaxation musculaire dans la vie quotidienne

4. **Techniques de pensée positive**
   - ○ Le pouvoir de la pensée positive sur le stress
   - ○ Affirmations positives et leur utilisation
   - ○ Changer les schémas de pensée négative

Chapitre 1 : Introduction à la gestion du stress

L'importance de la gestion du stress dans la vie quotidienne

Le stress. Un mot familier pour la plupart d'entre nous, une réalité qui peut toucher chaque aspect de notre vie quotidienne. Permettez-moi de vous parler de Sophie, une femme d'affaires accomplie que j'ai eu l'opportunité d'accompagner au cours de sa quête de gestion du stress. Sophie, comme beaucoup d'entre nous, se trouvait souvent submergée par les multiples exigences de sa carrière, de sa famille et de la vie en général.

Son histoire n'est pas unique. Le stress peut se manifester de différentes manières, mais son impact sur notre bien-être physique et mental est universel. Des maux de tête persistants aux troubles du sommeil, en passant par l'anxiété qui nous serre le cœur, le stress peut se frayer un chemin dans nos vies de manière insidieuse.

Cependant, il est essentiel de reconnaître que le stress n'est pas simplement un fardeau à supporter, mais plutôt un signal d'alarme que notre corps et notre esprit envoient pour nous faire prendre conscience d'un déséquilibre. C'est là que la gestion du stress entre en jeu. Dans les pages qui suivent, je partagerai avec vous des stratégies concrètes basées sur des expériences réelles pour vous aider à naviguer à travers ces moments de tension.

Objectifs de ce livre

L'objectif principal de ce livre est de vous fournir un guide pratique pour comprendre, aborder et maîtriser le stress dans votre vie. Plutôt que de simplement vous donner des théories abstraites, je vais vous emmener dans un voyage concret, en utilisant des exemples réels de personnes qui ont réussi à transformer leur relation avec le stress.

En explorant ces histoires, nous découvrirons ensemble des outils et des stratégies spécifiques pour faire face aux défis quotidiens. Que vous soyez un professionnel surchargé, un parent débordé, ou simplement quelqu'un cherchant à améliorer sa qualité de vie, cet ebook est conçu pour vous fournir des solutions pratiques et tangibles.

Comment utiliser ce guide efficacement

Avant de plonger dans les détails des stratégies, prenons un moment pour discuter de la meilleure façon d'aborder ce guide. Vous n'avez pas besoin d'être un expert en gestion du stress pour en tirer profit. Au contraire, je vous encourage à aborder ce matériel avec une ouverture d'esprit et un engagement envers le changement.

Prenez le temps de lire chaque chapitre attentivement, en vous laissant immerger dans les histoires et les expériences partagées. Ensuite, prenez un moment pour réfléchir à la manière dont ces concepts pourraient s'appliquer à votre propre vie. Les exercices pratiques inclus dans chaque chapitre sont conçus pour être réalisables, même dans les emplois du temps les plus chargés.

N'hésitez pas à adapter ces stratégies à votre vie personnelle. Chacun de nous est unique, et il n'y a pas de solution universelle. Cependant, en explorant différentes approches, en expérimentant avec ces outils, vous découvrirez progressivement ce qui fonctionne le mieux pour vous.

Chapitre 2 : Les bases scientifiques du stress

Le fonctionnement du système nerveux face au stress

Permettez-moi de vous emmener dans les méandres complexes du stress, explorant les rouages du système nerveux et son rôle crucial dans notre réponse au stress. Imaginez-vous dans la peau de Sarah, une jeune professionnelle ambitieuse confrontée à des défis constants dans son milieu de travail.

L'activation du système nerveux sympathique

Lorsque Sarah est confrontée à une pression importante au travail, son corps réagit instinctivement. Le système nerveux sympathique entre en action, déclenchant une cascade de réponses physiologiques conçues pour préparer le corps à faire face à la menace perçue. Son cœur bat plus rapidement, sa respiration s'accélère, ses muscles se tendent, prêts à l'action.

Cette réponse instinctive, souvent appelée la réaction de "combat ou fuite", est fondamentale pour notre survie. Imaginez nos ancêtres confrontés à des prédateurs dans la nature ; cette réponse de survie immédiate était essentielle. Cependant, dans le monde moderne, cette réponse peut être déclenchée par des facteurs de stress moins immédiats mais tout aussi puissants, comme les pressions au travail ou les préoccupations financières.

Le rôle du système nerveux parasympathique

Le pendant du système nerveux sympathique est le système nerveux parasympathique, souvent appelé le "frein" du corps. Son rôle est de ramener le corps à un état de calme après la réaction de "combat ou fuite".

Lorsque le stress diminue, le système parasympathique intervient pour ralentir le cœur, normaliser la respiration et détendre les muscles.

Cependant, pour de nombreuses personnes, le système nerveux sympathique peut rester constamment activé, entraînant une réponse au stress chronique. Sarah, tout comme beaucoup d'autres, n'était pas consciente de la fréquence à laquelle son corps était en mode "combat ou fuite". Comprendre cette dynamique a été une étape clé dans sa quête de gestion du stress.

Hormones du stress : cortisol et adrénaline

Maintenant, plongeons dans le monde des hormones, les messagers chimiques qui orchestrent notre réponse au stress. Laissez-moi vous raconter l'histoire de Max, un étudiant en médecine qui, en raison des pressions académiques, a expérimenté les effets puissants des hormones du stress.

Libération d'adrénaline : le coup d'envoi de la réponse

Lorsque Max se retrouvait devant un examen stressant, son cerveau libérait de l'adrénaline, l'hormone du stress immédiate. Cette libération soudaine d'adrénaline augmentait sa fréquence cardiaque, dilatait ses pupilles et mobilisait l'énergie nécessaire pour faire face à la situation stressante. Cette réaction immédiate est cruciale dans des moments de crise, mais elle peut devenir problématique lorsque le stress persiste au fil du temps.

Cortisol : l'hormone du stress à long terme

En parallèle à l'adrénaline, le cortisol entre en jeu pour gérer le stress à plus long terme. Imaginons la vie de Claire, une mère de famille jonglant avec les responsabilités professionnelles et familiales. Les multiples demandes de sa vie quotidienne ont conduit à une production constante de cortisol.

Le cortisol, bien qu'essentiel pour réguler le métabolisme et d'autres fonctions corporelles, peut causer des ravages lorsqu'il est présent en excès prolongé. Pour Claire, cela s'est traduit par des problèmes de sommeil, une susceptibilité accrue aux infections et même une prise de poids. Ces effets sont des témoignages poignants de la façon dont le stress chronique peut impacter la santé physique à travers les hormones.

Effets à court et long terme du stress sur le corps

Plongeons plus profondément dans les conséquences du stress sur le corps, en explorant les répercussions à la fois immédiates et à long terme. La vie de Jean, un homme d'affaires confronté à des délais serrés et à des pressions constantes, offre une perspective précieuse.

Réactions immédiates : la tension musculaire et la digestion perturbée

Lorsque Jean était soumis à des périodes de stress intense, ses muscles se tendaient automatiquement. Le stress déclenchait une réaction de "préparation au danger" dans laquelle les muscles étaient prêts à réagir rapidement. Cependant, lorsque cette tension persistait, elle se traduisait par des maux de dos fréquents et une sensation générale de raideur.

De plus, le stress peut altérer la fonction digestive. Des maux d'estomac, des ballonnements et des troubles gastro-intestinaux étaient monnaie courante pour Jean lors des périodes stressantes. Ces symptômes sont des exemples palpables de la manière dont le stress peut se manifester physiquement, même à court terme.

Conséquences à long terme : impact sur le système immunitaire et cardiovasculaire

Les effets du stress ne se limitent pas à des symptômes temporaires. Chez Jean, dont le stress était une constante, cela a eu des conséquences à long terme sur son système immunitaire. Il était plus sujet aux infections, sa récupération après une maladie était plus lente, et il était fréquemment aux prises avec des problèmes de santé.

Le système cardiovasculaire n'est pas épargné non plus. Le stress chronique peut contribuer au développement de maladies cardiaques, augmentant la pression artérielle et le risque de crises cardiaques. Ces implications sont réelles et urgentes, soulignant l'importance cruciale de la gestion du stress pour une santé à long terme.

En conclusion, ce chapitre nous a plongés dans les bases scientifiques du stress, en explorant le fonctionnement complexe du système nerveux, les rôles distincts des hormones du stress, et les conséquences à la fois immédiates et à long terme sur le corps. Dans les chapitres suivants, nous continuerons à explorer des stratégies pratiques pour maîtriser ces réponses physiologiques et cultiver une résilience face au stress.

Chapitre 3 : Impact du stress sur la santé mentale

Stress et troubles mentaux courants

Permettez-moi de vous raconter l'histoire de Lucas, un entrepreneur prospère dont la vie était une suite ininterrompue de défis et d'obligations. Au fur et à mesure que son entreprise prenait de l'ampleur, le niveau de stress de Lucas augmentait de manière exponentielle. Ce qui avait commencé comme une ambition saine s'est rapidement transformé en une anxiété envahissante.

Lucas n'est pas seul dans cette expérience. Le stress et les troubles mentaux sont souvent des compagnons de route, marchant main dans la main avec ceux qui cherchent le succès. Les études révèlent une corrélation étroite entre le stress chronique et le développement de conditions telles que l'anxiété et la dépression.

Les symptômes peuvent varier, mais beaucoup partagent des récits similaires. Des difficultés de concentration aux changements d'appétit, en passant par des nuits sans sommeil, le stress peut agir comme un déclencheur majeur pour ces troubles mentaux. Pour Lucas, l'anxiété a commencé à impacter son sommeil, affectant sa capacité à prendre des décisions claires et à maintenir des relations saines.

Il est essentiel de comprendre ces liens pour aborder le stress de manière holistique. Les réponses physiologiques au stress ont un impact direct sur la santé mentale, et la reconnaissance de ces interconnexions est la première étape pour trouver des solutions durables.

Stratégies pour maintenir une santé mentale optimale

Face à la complexité du stress, de nombreuses personnes que j'ai eu le privilège d'accompagner ont exploré diverses stratégies pour préserver leur santé mentale. Sophie, une mère célibataire travaillant à plein temps, a trouvé refuge dans la méditation. Elle a découvert que quelques minutes de méditation chaque jour lui permettaient de trouver un espace mental, un sanctuaire de calme au milieu de son tourbillon quotidien.

La méditation n'est qu'une des nombreuses approches que nous explorerons dans cette section. D'autres personnes ont trouvé des moyens efficaces de soulager le stress à travers l'exercice régulier, la thérapie cognitivo-comportementale (TCC) et même l'expression artistique. Ces histoires réelles démontrent que chaque individu peut trouver des stratégies qui résonnent avec sa propre expérience et personnalité.

C'est une réalité que nous devons aborder : il n'y a pas de solution unique pour tous. En partageant ces récits, j'espère vous inspirer à explorer différentes avenues, à être ouvert à de nouvelles expériences et à découvrir ce qui fonctionne le mieux pour vous.

Lien entre stress et cognition

Un aspect souvent négligé de l'impact du stress est sa relation avec la cognition. Thomas, un professionnel de la finance, a connu une période où son travail exigeant a commencé à avoir des répercussions sur sa mémoire et sa concentration. Il ne se sentait plus aussi vif d'esprit qu'auparavant, et cela commençait à affecter sa performance au travail.

Le stress chronique peut en effet altérer le fonctionnement du cerveau. Des études suggèrent que des niveaux élevés de cortisol, l'hormone du stress, peuvent contribuer à une diminution de la taille de l'hippocampe, une région clé pour la mémoire et l'apprentissage. Ce n'est pas simplement une question de se sentir fatigué mentalement, mais cela peut également entraîner des déficits cognitifs significatifs.

Thomas a découvert que, en comprenant ce lien entre stress et cognition, il pouvait prendre des mesures pour protéger son bien-être mental. Des exercices de pleine conscience à des pauses régulières pendant la journée de travail, chaque petite action visait à contrer les effets néfastes du stress sur son cerveau.

En conclusion, le lien entre stress et santé mentale est complexe et multifacette. Les histoires de Lucas, Sophie et Thomas montrent que la prise de conscience de ces interconnexions est le premier pas vers une gestion efficace du stress. Dans les sections suivantes, nous explorerons plus en détail des stratégies spécifiques pour renforcer votre résilience mentale et maintenir une clarté cognitive, même dans les moments les plus stressants de la vie.

Chapitre 4 : Impact du stress sur la santé physique

Conséquences physiques du stress sur le corps

Permettez-moi de vous guider à travers les méandres des conséquences physiques que le stress peut avoir sur notre corps. Laissez-moi partager l'histoire poignante de Laura, une jeune femme dont la vie trépidante a dévoilé les manifestations physiques du stress.

Tensions musculaires chroniques

Lorsque Laura a commencé à ressentir les pressions du travail et de la vie quotidienne, elle a remarqué que ses épaules étaient constamment tendues. Les tensions musculaires chroniques étaient le résultat tangible du stress continu. Ses muscles, constamment préparés à l'action par le système nerveux sympathique, étaient dans un état de contraction perpétuelle.

Ces tensions musculaires ne se limitaient pas à ses épaules. Laura a également ressenti des maux de tête fréquents et des douleurs dans le bas du dos. Ces symptômes physiques étaient le langage que son corps utilisait pour exprimer le fardeau émotionnel qu'elle portait.

Troubles du sommeil et fatigue persistante

Le stress a également jeté son ombre sur le sommeil de Laura. Les nuits agitées étaient devenues la norme, avec des pensées anxieuses tournant en boucle dans son esprit. Elle se réveillait fatiguée, sans avoir bénéficié du repos réparateur dont son corps avait désespérément besoin.

Ces perturbations du sommeil ne sont pas simplement des inconvénients temporaires. Le manque de sommeil chronique peut avoir des conséquences graves sur la santé physique, affectant le système immunitaire, la fonction cognitive et augmentant le risque de maladies cardiovasculaires.

Maladies liées au stress

Penchons-nous sur les histoires poignantes de ceux qui ont connu des maladies directement liées au stress. Chaque récit est une pièce du puzzle complexe qui montre comment le stress peut se manifester physiquement.

Maladies cardiovasculaires : le témoignage de David

David, un homme d'affaires en proie à des échéances serrées et à des exigences constantes, a découvert les effets dévastateurs du stress sur le cœur. Il a été diagnostiqué avec une hypertension artérielle sévère, une condition intimement liée au stress chronique.

Les hormones du stress, en particulier le cortisol, peuvent influencer la pression artérielle. Lorsque cette influence devient chronique, le risque de maladies cardiovasculaires augmente. Les battements de cœur accélérés de David et ses épisodes d'essoufflement étaient des signaux d'alarme que son corps émettait, reflétant les effets physiques du stress sur son système cardiovasculaire.

Problèmes gastro-intestinaux : le cas d'Emma

Emma, une jeune femme en proie à des préoccupations constantes liées à son travail, a connu des problèmes gastro-intestinaux graves. Les maux d'estomac fréquents, les ballonnements et les douleurs abdominales étaient des symptômes physiques clairs du lien entre le stress émotionnel et la santé digestive.

Le stress peut influencer le fonctionnement du système digestif de multiples manières, de la production accrue d'acide gastrique à la perturbation de la motilité intestinale. Emma a appris que gérer le stress était non seulement bénéfique pour son bien-être émotionnel, mais aussi crucial pour préserver la santé de son système digestif.

Importance d'une gestion du stress pour la santé physique

À travers ces récits, nous réalisons l'impact profond du stress sur la santé physique. Le dernier volet de ce chapitre explore l'importance vitale d'une gestion du stress proactive pour prévenir ces conséquences dommageables.

Approches holistiques de gestion du stress

Les témoignages de Laura, David et Emma soulignent la nécessité de développer des stratégies de gestion du stress. Pour Laura, cela signifiait intégrer des pratiques de relaxation dans sa routine quotidienne, telles que la méditation et le yoga. David a découvert les bienfaits de la régulation émotionnelle à travers la thérapie, tandis qu'Emma a exploré des techniques de respiration pour calmer son système nerveux.

Chacun de ces individus a trouvé une approche qui résonnait avec sa propre expérience et sa personnalité. Il n'y a pas de solution unique, mais plutôt un éventail d'approches holistiques qui peuvent être adaptées à chacun.

Prévention des maladies liées au stress

La gestion du stress ne se limite pas à atténuer les symptômes ; elle est également une forme de prévention. En adoptant des stratégies de gestion du stress, nous pouvons réduire le risque de développer des maladies liées au stress. Cela inclut la surveillance de la pression artérielle, la promotion du sommeil réparateur et la préservation de l'équilibre hormonal.

La recherche montre que les personnes qui intègrent activement des pratiques de gestion du stress dans leur vie ont tendance à présenter des taux plus bas de maladies cardiovasculaires, de troubles digestifs et d'autres affections liées au stress.

En conclusion, ce chapitre nous a plongés dans les réalités physiques du stress, démontrant comment il peut se manifester à travers des symptômes tangibles et contribuer au développement de maladies graves. Dans les chapitres suivants, nous explorerons des approches spécifiques pour maîtriser ces impacts physiques et promouvoir une santé durable.

Chapitre 5 : Identifier vos déclencheurs de stress

Plongeons ensemble dans le processus crucial d'identification des déclencheurs de stress, une étape essentielle vers une gestion proactive de notre bien-être émotionnel. À travers des histoires réelles, je vais vous guider dans la reconnaissance des sources de stress qui peuvent parfois se dissimuler dans les rouages complexes de la vie quotidienne.

Reconnaître les sources de stress dans votre vie

Permettez-moi de partager l'histoire d'Alexandre, un entrepreneur chevronné qui, malgré son succès professionnel, a commencé à ressentir les poids écrasants du stress. En creusant plus profondément, il a réalisé que les pressions financières et les exigences constantes de son travail n'étaient que la pointe de l'iceberg.

Identifier les stress externes et internes

Les sources de stress peuvent être externes, telles que des deadlines au travail ou des conflits interpersonnels, mais aussi internes, liées à nos propres attentes et perceptions. Alexandre a appris à reconnaître comment ses propres pensées auto-exigentes contribuaient à son niveau de stress. Prendre conscience de ces éléments a été la première étape vers une gestion plus efficace.

Évaluer l'impact sur les différentes sphères de la vie

Un aspect crucial de la reconnaissance des sources de stress est de comprendre comment elles affectent différentes sphères de votre vie. Alexandre a constaté que le stress au travail se répercutait sur sa vie familiale, créant des tensions et un sentiment constant de pression. Cela souligne l'interconnexion des différentes dimensions de notre vie et la nécessité d'adopter une approche holistique.

Outils pour identifier les déclencheurs de stress personnels

Reconnaître les déclencheurs de stress personnels nécessite des outils spécifiques et des techniques d'auto-réflexion. Permettez-moi de vous présenter des histoires concrètes illustrant comment ces outils ont été utilisés avec succès.

La visualisation créative : l'histoire de Clara

Clara, une artiste en proie à des blocages créatifs et à des doutes persistants, a utilisé la visualisation créative pour identifier les sources cachées de son stress. En se plongeant dans un état de détente profonde, elle a exploré visuellement les aspects de sa vie qui suscitaient des émotions négatives. Cette approche a révélé des déclencheurs insoupçonnés, permettant à Clara de travailler activement sur ces aspects.

L'introspection guidée : le cheminement de Nicolas

Nicolas, un étudiant débordé par les exigences académiques, a adopté l'introspection guidée. En se posant des questions spécifiques sur ses réactions émotionnelles dans différentes situations, il a identifié des schémas de pensée négatifs et des attentes irréalistes qui contribuaient à son stress. L'introspection guidée lui a fourni un miroir réfléchissant pour explorer son monde intérieur.

Journal de stress : un outil pratique

Le journal de stress émerge comme un outil pratique pour documenter et analyser les déclencheurs de stress. Laissez-moi partager l'histoire de

Sophie, une jeune professionnelle qui a trouvé dans le journal de stress un compagnon précieux dans son voyage de gestion du stress.

Témoignage de Sophie : L'utilité du journal de stress

Sophie a commencé à consigner ses expériences quotidiennes dans un journal de stress. Elle a noté les moments de tension, les pensées anxieuses et les changements émotionnels. En examinant son journal, elle a identifié des modèles récurrents, des situations spécifiques qui déclenchaient son stress. Cette prise de conscience a été le catalyseur de changements significatifs dans sa vie quotidienne.

Structure d'un journal de stress efficace

Si vous envisagez d'adopter un journal de stress, voici quelques éléments clés à considérer :

a. Enregistrez les événements stressants :

Notez les événements spécifiques qui ont déclenché du stress. Incluez des détails tels que l'heure, le lieu et les personnes impliquées.

b. Identifiez les émotions associées :

Décrivez les émotions que vous avez ressenties en réaction au stress. Cela peut inclure des sentiments tels que la frustration, la colère, l'anxiété, etc.

c. Analysez vos pensées :

Examinez les pensées qui ont émergé pendant ces moments de stress. Sont-elles réalistes ou basées sur des perceptions négatives ?

d. Développez des stratégies de gestion :

Enfin, réfléchissez à des stratégies pour faire face au stress la prochaine fois que vous rencontrez des situations similaires.

Conclusion

Ce chapitre nous a plongés dans l'importance de reconnaître les déclencheurs de stress. En comprenant ces sources de tension, nous pouvons développer des stratégies ciblées pour les gérer. Dans les chapitres suivants, nous explorerons des techniques spécifiques pour transformer ces déclencheurs de stress en opportunités de croissance personnelle.

Chapitre 6 : Les différentes formes de stress

Plongeons ensemble dans le monde complexe des différentes formes de stress, explorant les nuances entre le stress aigu et le stress chronique, entre le stress positif et négatif. À travers des histoires authentiques, je vais partager des expériences qui illustrent ces distinctions cruciales et comment adapter nos stratégies en fonction du type de stress que nous rencontrons.

Stress aigu vs stress chronique

Laissez-moi vous présenter l'histoire de Marc, un jeune professionnel dont la vie trépidante l'a confronté à différentes formes de stress. Marc a expérimenté à la fois le stress aigu, lié à des événements ponctuels, et le stress chronique, persistent au fil du temps.

Témoignage de Marc : Stress aigu

Marc se souvient d'une période particulièrement intense au travail où des délais serrés et des responsabilités accrues ont créé un pic de stress aigu. Les symptômes étaient immédiats et intenses : palpitations, insomnie, et une tension constante dans son corps. Heureusement, une fois la période stressante terminée, Marc a constaté que ses symptômes diminuaient progressivement.

Témoignage de Marc : Stress chronique

Cependant, à mesure que Marc avançait dans sa carrière, le stress est devenu un compagnon constant. Les pressions constantes au travail, les exigences familiales et les attentes personnelles ont créé un stress chronique. Les symptômes physiques persistaient, et Marc a commencé à ressentir une fatigue profonde, des maux de tête fréquents et un sentiment d'épuisement émotionnel constant.

Stress positif (eustress) vs stress négatif (distress)

Explorons maintenant les nuances entre le stress positif, également appelé eustress, et le stress négatif, connu sous le nom de distress. Ces deux formes de stress ont des implications différentes sur notre bien-être, comme l'illustre l'histoire inspirante de Sarah.

Témoignage de Sarah : Eustress

Sarah, une passionnée de danse, se préparait pour une performance importante. Bien que le défi à venir soit exigeant, elle ressentait une excitation positive, une énergie qui la motivait à s'entraîner davantage. Ce type de stress, appelé eustress, peut être stimulant et motivant. Pour Sarah, il a conduit à une performance exceptionnelle et a renforcé sa confiance en elle.

Témoignage de Sarah : Distress

Cependant, lorsqu'un événement de vie inattendu a ajouté des pressions supplémentaires, le stress de Sarah est passé de positif à négatif. Les mêmes symptômes d'excitation se sont transformés en anxiété et en insomnie. Ce changement de dynamique illustre comment une situation stressante peut basculer entre eustress et distress en fonction des circonstances.

Adapter les stratégies en fonction du type de stress

Comprendre la nature du stress que nous vivons est essentiel pour choisir des stratégies de gestion appropriées. Découvrons comment différentes

stratégies ont été adaptées en fonction du type de stress dans la vie
d'Antoine.

Témoignage d'Antoine : Adaptation aux stress aigus

Antoine, un athlète de haut niveau, a partagé son expérience avec le stress
aigu lié à la compétition. Dans ces moments, il adoptait des techniques
de gestion du stress spécifiques à court terme, telles que la respiration
profonde et la visualisation positive. Ces stratégies l'aidaient à canaliser
l'excitation du moment et à maintenir sa concentration.

Témoignage d'Antoine : Gestion du stress chronique

Cependant, Antoine a également connu des périodes de stress
chronique, en particulier lors de blessures et de périodes d'entraînement
intensives. Pour faire face à ces situations, il a intégré des pratiques de
gestion du stress à long terme, comme la méditation régulière, la
planification de la récupération et l'adoption de routines de sommeil
saines. Ces stratégies étaient conçues pour soutenir son bien-être sur le
long terme.

Conclusion

Ce chapitre nous a guidés à travers les différentes formes de stress,
illustrant comment le stress aigu et chronique, positif et négatif, peut se
manifester dans nos vies. Comprendre ces nuances est la clé pour adapter
nos approches de gestion du stress de manière efficace. Dans les chapitres
à venir, nous explorerons des techniques spécifiques pour naviguer avec
succès à travers ces différentes formes de stress.

Chapitre 7 : Gestion du stress au quotidien

Bienvenue dans ce chapitre dédié à la gestion du stress au quotidien, où je vais partager des expériences réelles pour illustrer comment intégrer des habitudes anti-stress dans la routine quotidienne, adopter des techniques rapides pour gérer le stress au travail, et naviguer avec calme à travers les imprévus de la vie.

Intégrer des habitudes anti-stress dans la routine quotidienne

Plongeons dans l'histoire de Léa, une mère active jonglant entre sa carrière professionnelle et sa vie familiale, pour comprendre comment elle a réussi à intégrer des habitudes anti-stress dans sa routine quotidienne.

Témoignage de Léa : L'équilibre entre travail et vie personnelle

Léa a commencé par reconnaître l'importance de l'équilibre entre travail et vie personnelle pour prévenir le stress chronique. Elle a délibérément créé des espaces dans sa journée pour des moments de détente, que ce soit une courte pause pour une marche à l'extérieur pendant la pause déjeuner ou quelques minutes de méditation avant de se coucher.

Créer des rituels apaisants

Léa a également incorporé des rituels apaisants dans sa routine quotidienne. Prendre quelques instants pour déguster une tasse de thé, écouter une musique relaxante ou pratiquer la gratitude le matin sont devenus des rituels qui l'aidaient à commencer et à terminer sa journée de manière positive.

L'importance du sommeil régulier

La qualité du sommeil est un élément clé de la gestion du stress quotidien. Léa a mis l'accent sur la création d'une routine de sommeil régulière, éteignant les écrans une heure avant de se coucher et créant un environnement propice au repos. Elle a constaté que des nuits de sommeil réparateur étaient un fondement essentiel pour aborder chaque journée avec résilience.

Techniques rapides pour gérer le stress au travail

Explorer maintenant comment des professionnels comme Thomas ont réussi à intégrer des techniques rapides pour gérer le stress au milieu d'une journée de travail bien remplie.

Témoignage de Thomas : Gérer le stress entre les réunions

Thomas, cadre supérieur, a expérimenté des périodes de stress intense entre les réunions et les délais serrés. Il a développé des stratégies simples mais efficaces pour réduire instantanément le stress.

Respiration consciente : Un ancrage immédiat

Thomas a adopté la respiration consciente comme une ancre immédiate pour calmer son système nerveux. En prenant quelques minutes entre les réunions pour inspirer profondément et expirer lentement, il a pu réduire l'anxiété et retrouver un état de calme intérieur.

La technique Pomodoro : Gérer le temps avec efficacité

Thomas a également mis en place la technique Pomodoro pour gérer son temps de manière plus efficace. En se concentrant intensément sur une tâche pendant 25 minutes, suivis de 5 minutes de pause, il a constaté une amélioration significative de sa productivité tout en préservant son bien-être émotionnel.

Gérer les imprévus avec calme et sérénité

La vie est parsemée d'imprévus, et savoir comment y faire face avec calme et sérénité est une compétence précieuse. L'histoire d'Alexandre offre un aperçu de cette capacité à naviguer avec succès à travers les moments difficiles.

Témoignage d'Alexandre : Restez flexible mentalement

Alexandre, entrepreneur confronté à des changements constants, a appris à rester flexible mentalement face aux imprévus. Plutôt que de résister aux changements, il s'est efforcé de voir chaque défi comme une opportunité d'apprentissage. Cette mentalité lui a permis de réduire la tension émotionnelle associée aux situations imprévues.

Pratiquer la pleine conscience au quotidien

La pleine conscience, ou la pratique de rester pleinement présent dans le moment, a été une pierre angulaire de la gestion du stress imprévu pour Alexandre. Il a développé des exercices de pleine conscience simples, tels que la pause de la pleine conscience de deux minutes, pour se recentrer mentalement lorsque la pression montait.

Cultiver la résilience émotionnelle

Enfin, Alexandre a cultivé la résilience émotionnelle en acceptant que les imprévus font partie intégrante de la vie. Il a appris à reconnaître et à réguler ses émotions face aux défis, développant ainsi une capacité à rebondir plus rapidement après des situations stressantes.

Conclusion

Ce chapitre nous a plongés dans la gestion du stress au quotidien, en mettant en lumière l'importance d'intégrer des habitudes anti-stress dans notre routine quotidienne, d'adopter des techniques rapides pour gérer le stress au travail, et de naviguer avec calme à travers les imprévus. Dans les prochains chapitres, nous explorerons davantage de stratégies spécifiques pour une gestion du stress efficace.

Chapitre 8 : Techniques de Relaxation et Respiration

Bienvenue dans ce chapitre dédié à l'exploration approfondie de techniques de relaxation et de respiration. Je vais partager des histoires réelles pour illustrer l'impact positif de techniques telles que la respiration profonde, la relaxation musculaire progressive et le biofeedback sur la gestion du stress.

Techniques de Respiration Profonde

La respiration profonde est une technique puissante qui peut être utilisée à tout moment pour calmer le système nerveux et réduire le stress. Laissez-moi vous emmener à travers l'histoire inspirante de Marie pour illustrer comment cette technique a transformé sa vie quotidienne.

Témoignage de Marie : Libérer la tension avec la respiration profonde

Marie, une mère de deux enfants jonglant avec les défis de la vie quotidienne, a découvert les bienfaits de la respiration profonde lors d'un atelier de gestion du stress. Face à des moments de tension, comme les matins chaotiques avant l'école, elle a commencé à intégrer consciemment la respiration profonde.

Pratiquer la respiration abdominale

Marie a appris la respiration abdominale, où elle se concentrait sur l'expansion de son abdomen à l'inhalation et la contraction à l'expiration. Cette technique simple mais efficace lui permettait de libérer la tension accumulée, de gagner en clarté mentale et de réagir de manière plus calme aux défis quotidiens.

Intégration dans la routine quotidienne

Ce qui était initialement une pratique ponctuelle est devenu un aspect intégré de la routine quotidienne de Marie. En pratiquant la respiration profonde pendant quelques minutes chaque matin et soir, elle a constaté une amélioration significative de sa capacité à gérer le stress et à maintenir une perspective positive.

Relaxation Musculaire Progressive

La relaxation musculaire progressive est une technique qui implique la tension et le relâchement systématique des muscles pour induire un état de détente profonde. L'histoire de Nicolas nous montre comment cette méthode peut être une clé pour relâcher les tensions physiques et mentales.

Témoignage de Nicolas : Détente physique pour la détente mentale

Nicolas, un professionnel submergé par les pressions du travail, a expérimenté des maux de tête fréquents et des tensions musculaires. La relaxation musculaire progressive lui a offert un moyen concret de relâcher ces tensions.

Apprendre à relâcher les tensions musculaires

Nicolas a commencé par apprendre à reconnaître les zones de tension dans son corps, souvent négligées dans le tumulte de la vie quotidienne. Il a pratiqué des exercices simples de contraction et de relâchement des muscles, découvrant la sensation apaisante du relâchement progressif.

Intégrer la relaxation musculaire dans la routine

Au fil du temps, Nicolas a intégré des sessions de relaxation musculaire dans sa routine quotidienne, notamment avant de se coucher. Cette pratique régulière l'a aidé à relâcher les tensions accumulées au fil de la journée, améliorant la qualité de son sommeil et sa capacité à faire face au stress quotidien.

Biofeedback pour la Relaxation

Le biofeedback est une technique qui permet à une personne de devenir consciente des signaux physiologiques de son corps et d'apprendre à les réguler. Plongeons dans l'expérience de Thomas pour comprendre comment le biofeedback peut être un outil puissant dans la gestion du stress.

Témoignage de Thomas : Prendre le contrôle avec le biofeedback

Thomas, confronté à des niveaux élevés de stress au travail, a été introduit au biofeedback par un professionnel de la santé. Cette technique lui a offert la possibilité de prendre conscience de ses réponses physiologiques au stress et de les influencer de manière positive.

Utilisation d'appareils de biofeedback

Thomas a utilisé des appareils de biofeedback pour surveiller ses signes vitaux tels que la fréquence cardiaque, la tension artérielle et la réponse électrodermale. En apprenant à moduler ces réponses, il a développé une capacité accrue à induire un état de relaxation consciente.

Transfert des compétences dans la vie quotidienne

L'apprentissage acquis grâce au biofeedback a été progressivement transféré dans la vie quotidienne de Thomas. Il a commencé à appliquer des techniques de respiration consciente et de relaxation musculaire basées sur les informations fournies par le biofeedback. Cette approche holistique lui a permis de maintenir un meilleur équilibre émotionnel, même dans des situations stressantes.

Conclusion

Ce chapitre nous a guidés à travers des techniques de relaxation et de respiration, illustrées par des témoignages authentiques. La respiration profonde, la relaxation musculaire progressive et le biofeedback se révèlent être des outils puissants dans la boîte à outils de la gestion du stress. Dans les prochains chapitres, nous explorerons davantage de stratégies pour développer une approche complète et personnalisée de la gestion du stress.

Chapitre 9 : La Méditation Guidée pour Réduire le Stress

Bienvenue dans ce chapitre dédié à la méditation guidée, une pratique qui a le pouvoir de calmer l'esprit et de réduire le stress. En explorant les fondements de la méditation guidée, en partageant des expériences de séances de méditation et en examinant les applications pratiques dans la vie quotidienne, nous allons plonger dans un voyage transformateur.

Fondements de la Méditation Guidée

La méditation guidée repose sur des principes fondamentaux qui favorisent la pleine conscience et l'ancrage dans le moment présent. À travers le témoignage inspirant d'Isabelle, nous allons explorer comment ces fondements ont joué un rôle crucial dans sa quête de réduction du stress.

Témoignage d'Isabelle : Découvrir les fondements de la méditation guidée

Isabelle, une professionnelle constamment sous pression, a découvert la méditation guidée lors d'un atelier de gestion du stress. Les principaux fondements qui ont résonné avec elle étaient :

La pleine conscience

La méditation guidée met l'accent sur la pleine conscience, invitant les pratiquants à porter leur attention sur le moment présent. Isabelle a appris à cultiver cette pleine conscience dans ses pensées, ses émotions et les sensations de son corps, ce qui a considérablement réduit son niveau de stress.

La respiration consciente

Au cœur de la méditation guidée se trouve la respiration consciente. Isabelle a découvert comment une respiration profonde et intentionnelle pouvait devenir une ancre puissante, lui offrant une échappatoire apaisante lors des moments stressants.

L'acceptation sans jugement

Isabelle a également embrassé l'aspect de l'acceptation sans jugement dans la méditation guidée. Apprendre à observer ses pensées et émotions sans les juger a renforcé sa capacité à faire face au stress avec une perspective plus équilibrée.

Séances de Méditation pour la Gestion du Stress

Plongeons maintenant dans des séances de méditation concrètes, en suivant l'expérience de Marc, un homme d'affaires débordé qui a trouvé refuge dans la méditation guidée.

Témoignage de Marc : Séances de méditation pour apaiser le tumulte mental

Marc a intégré des séances de méditation guidée dans sa routine quotidienne, découvrant des bénéfices significatifs pour la gestion du stress.

Méditation guidée pour la relaxation

Marc a commencé par des séances de méditation guidée axées sur la relaxation. Ces sessions lui ont appris à relâcher consciemment les tensions dans son corps, créant un espace intérieur propice à la détente.

Méditation guidée pour la concentration

En explorant diverses pratiques, Marc a trouvé des séances de méditation guidée axées sur la concentration. Ces sessions l'ont aidé à entraîner son esprit à rester focalisé sur le présent, améliorant sa capacité à gérer les distractions et à maintenir une attention soutenue.

Méditation guidée pour la gestion émotionnelle

Marc a également trouvé des séances de méditation guidée spécifiquement conçues pour la gestion émotionnelle. Ces pratiques lui ont permis de cultiver un espace intérieur où il pouvait observer ses émotions sans être submergé, renforçant ainsi sa résilience émotionnelle.

Applications Pratiques dans la Vie Quotidienne

La méditation guidée n'est pas simplement une pratique isolée, mais plutôt une compétence transférable dans la vie quotidienne. À travers l'histoire d'Emma, nous explorerons comment elle a appliqué la méditation guidée de manière pratique pour surmonter les défis du quotidien.

Témoignage d'Emma : Intégrer la méditation guidée dans la vie quotidienne

Emma, une jeune mère jonglant avec les responsabilités familiales et professionnelles, a trouvé des moyens astucieux d'intégrer la méditation guidée dans sa vie quotidienne.

Mini-sessions de méditation pendant la journée

Emma a adopté des mini-sessions de méditation guidée pendant la journée. Que ce soit avant une réunion importante ou pendant une pause rapide, elle a découvert que quelques minutes de méditation étaient suffisantes pour réduire son niveau de stress et augmenter sa clarté mentale.

Méditation guidée pour la gestion du sommeil

Face aux défis du sommeil perturbé en raison des responsabilités parentales, Emma a utilisé des séances de méditation guidée spécifiques pour favoriser le sommeil. Ces pratiques l'ont aidée à calmer son esprit agité et à s'endormir plus facilement, améliorant ainsi la qualité de son repos nocturne.

Méditation guidée en mouvement

Consciente des contraintes de temps, Emma a exploré la méditation guidée en mouvement. Que ce soit en pratiquant la pleine conscience en marchant ou en intégrant des techniques de respiration consciente dans ses activités quotidiennes, elle a trouvé des moyens créatifs d'appliquer la méditation guidée dans un emploi du temps chargé.

Conclusion

Ce chapitre nous a emmenés au cœur de la méditation guidée, en explorant ses fondements, ses séances concrètes et ses applications pratiques dans la vie quotidienne. La méditation guidée devient ainsi un outil puissant pour réduire le stress et cultiver une vie plus équilibrée. Dans les prochains chapitres, nous approfondirons d'autres stratégies pour renforcer encore davantage notre capacité à gérer le stress au quotidien.

Chapitre 10 : Exercices Physiques et Yoga Anti-Stress

Bienvenue dans ce chapitre dédié à l'exploration des bienfaits de l'exercice physique et du yoga pour la gestion du stress. À travers des récits authentiques, nous plongerons dans le lien étroit entre l'activité physique et la réduction du stress, découvrirons des séances de yoga spécifiques pour la relaxation, et explorerons l'importance de trouver l'équilibre entre effort et repos dans notre parcours anti-stress.

Lien entre l'Exercice Physique et la Gestion du Stress

Le lien indissoluble entre l'exercice physique et la gestion du stress est mis en lumière à travers l'histoire inspirante de Jean, un professionnel occupé qui a découvert la puissance transformante de l'activité physique.

Témoignage de Jean : Trouver la quiétude à travers le mouvement

Jean, constamment plongé dans le tumulte professionnel, a expérimenté une transformation profonde grâce à l'intégration régulière de l'exercice physique dans sa vie.

Libération d'endorphines et réduction du cortisol

Jean a découvert que l'exercice physique libérait des endorphines, les "hormones du bonheur", réduisant ainsi la production de cortisol, l'hormone du stress. Ses séances d'entraînement régulières sont devenues un moyen fiable de créer un espace mental positif, même dans des moments de pression intense.

Le rôle du mouvement dans la gestion émotionnelle

L'activité physique a également joué un rôle essentiel dans la gestion émotionnelle de Jean. Les sessions d'entraînement intenses lui ont offert un exutoire pour libérer les tensions émotionnelles accumulées, l'aidant à maintenir un équilibre émotionnel plus stable.

Intégration de l'activité physique dans la routine quotidienne

Pour Jean, la clé résidait dans l'intégration de l'activité physique dans sa routine quotidienne. Que ce soit par une course matinale revitalisante, une séance de musculation pendant la pause déjeuner, ou une promenade apaisante le soir, il a trouvé des moyens adaptés à son emploi du temps chargé pour maintenir une pratique régulière.

Séances de Yoga pour la Relaxation

Découvrons maintenant comment le yoga, en tant que pratique millénaire, peut être un outil puissant pour la relaxation et la gestion du stress. Suivez le récit de Sophie, une mère cherchant l'équilibre dans sa vie trépidante.

Témoignage de Sophie : La sérénité retrouvée à travers le yoga

Sophie a trouvé dans le yoga un refuge apaisant au milieu du chaos quotidien. Ses séances de yoga ont été une révélation pour la gestion du stress.

Respiration consciente et postures apaisantes

Les séances de yoga de Sophie ont mis l'accent sur la respiration consciente synchronisée avec des postures douces et apaisantes. Cette combinaison a eu un impact profond sur son système nerveux, créant une sensation de calme intérieur.

Yoga nidra pour la détente profonde

Sophie a exploré le yoga nidra, une pratique de relaxation profonde, souvent décrite comme un "sommeil conscient". Ces sessions de yoga nidra ont été des moments précieux où elle pouvait relâcher les tensions mentales et physiques accumulées, créant un espace de tranquillité intérieure.

Intégration du yoga dans la vie quotidienne

Pour Sophie, intégrer le yoga dans sa vie quotidienne signifiait plus que des séances régulières. Elle a trouvé des moyens simples d'appliquer des techniques de respiration yogique pendant les moments stressants, transformant ainsi des défis en opportunités de revenir à un état de paix intérieure.

Trouver l'Équilibre entre Effort et Repos

L'importance de trouver l'équilibre entre effort et repos dans notre parcours anti-stress est soulignée à travers l'expérience de Thomas, un athlète passionné qui a appris que le repos est aussi crucial que l'effort.

Témoignage de Thomas : L'art de la récupération dans le yoga

Thomas, engagé dans des entraînements intenses, a découvert que le yoga était l'élément clé pour trouver l'équilibre entre l'effort physique et le repos nécessaire.

Séances de yoga restaurateur

Les séances de yoga restaurateur ont joué un rôle central dans le parcours de Thomas. Ces séances axées sur la détente et la restauration ont été essentielles pour apaiser les muscles fatigués et favoriser une récupération physique plus rapide.

Yoga et sommeil réparateur

Thomas a également exploré le lien entre le yoga et un sommeil réparateur. Les postures spécifiques et les techniques de respiration enseignées dans ses séances de yoga nocturnes ont contribué à créer un environnement propice à un sommeil profond et réparateur.

Reconnaissance de l'importance du repos actif

Thomas a appris à reconnaître l'importance du repos actif. Intégrer des séances de yoga légères et des moments de méditation dans ses jours de repos lui a permis de maintenir un équilibre optimal entre l'activité physique et la récupération.

Conclusion

Ce chapitre nous a guidés à travers le monde bénéfique de l'exercice physique et du yoga anti-stress, basé sur des témoignages réels. L'activité physique, qu'elle soit dynamique ou basée sur la sérénité du yoga, se révèle être un pilier solide dans la gestion du stress. Dans les chapitres suivants, nous explorerons d'autres aspects de notre voyage anti-stress, poursuivant notre quête d'une vie équilibrée.

Chapitre 11 : Nutrition Équilibrée pour Lutter Contre le Stress

Bienvenue dans ce chapitre dédié à l'influence puissante de la nutrition sur notre capacité à gérer le stress au quotidien. À travers des récits authentiques et des conseils pratiques, nous explorerons les aliments anti-stress et leurs bienfaits, le lien profond entre l'alimentation et la stabilité émotionnelle, ainsi que les stratégies pour éviter les habitudes alimentaires stressantes.

Aliments Anti-Stress et Leurs Bienfaits

Commençons notre exploration par la découverte des aliments qui agissent comme de véritables alliés dans la lutte contre le stress. Suivez l'histoire de Marie, qui a transformé sa vie grâce à des choix alimentaires éclairés.

Témoignage de Marie : Révolutionner sa vie à travers une alimentation consciente

Marie, en proie au stress constant de son travail exigeant, a trouvé un refuge dans la redéfinition de son alimentation.

Les bienfaits des aliments riches en magnésium

Marie a découvert que les aliments riches en magnésium, tels que les graines de citrouille et les épinards, avaient un impact significatif sur son niveau de stress. Le magnésium joue un rôle crucial dans la régulation du système nerveux, offrant ainsi une protection contre les effets néfastes du stress.

Les acides gras oméga-3 pour la stabilité émotionnelle

L'introduction d'aliments riches en acides gras oméga-3, comme le saumon et les graines de chia, a été une révélation pour Marie. Les oméga-3 sont connus pour favoriser la stabilité émotionnelle en régulant les neurotransmetteurs du cerveau, ce qui a eu un impact positif sur sa gestion émotionnelle globale.

Les bienfaits des aliments riches en tryptophane

Marie a également exploré les bienfaits des aliments riches en tryptophane, un précurseur de la sérotonine, l'hormone du bien-être. Les œufs et la dinde ont trouvé une place régulière dans son alimentation, contribuant à stabiliser son humeur et à réduire les sentiments de stress.

Lien Entre Alimentation et Stabilité Émotionnelle

Plongeons maintenant dans le lien profond entre notre alimentation quotidienne et notre stabilité émotionnelle. À travers l'histoire de Pierre, nous explorerons comment des choix alimentaires judicieux ont transformé sa relation avec le stress émotionnel.

Témoignage de Pierre : Nourrir le corps pour apaiser l'esprit

Pierre, confronté à des hauts et des bas émotionnels constants, a trouvé un équilibre grâce à une approche réfléchie de son alimentation.

Impact des sucres complexes sur la régulation émotionnelle

Pierre a ajusté son régime alimentaire pour inclure des sucres complexes, tels que ceux présents dans les grains entiers et les légumes. Ces sucres sont absorbés lentement par le corps, assurant une libération régulière de glucose dans le sang, ce qui a contribué à maintenir une humeur stable et à éviter les sautes d'énergie dramatiques.

Les effets néfastes du sucre raffiné sur le stress

En éliminant progressivement le sucre raffiné de son alimentation, Pierre a constaté une diminution significative de ses niveaux de stress. Le sucre raffiné peut entraîner des pics et des chutes de glycémie, contribuant ainsi à l'instabilité émotionnelle. En optant pour des alternatives plus saines, Pierre a découvert un moyen efficace de gérer ses émotions.

Rôle des vitamines B dans la régulation du stress

La recherche de Pierre l'a également conduit à comprendre le rôle crucial des vitamines B dans la régulation du stress. En incluant des aliments tels que les noix, les légumes verts et les produits laitiers dans son alimentation, il a renforcé son système nerveux, améliorant ainsi sa résilience face au stress quotidien.

Éviter les Habitudes Alimentaires Stressantes

La troisième partie de notre exploration se concentre sur des stratégies pratiques pour éviter les habitudes alimentaires stressantes. Suivez l'histoire de Sarah, qui a appris à reconnaître et à transformer ses habitudes alimentaires pour favoriser une meilleure gestion du stress.

Témoignage de Sarah : Rompre avec les habitudes alimentaires néfastes

Sarah, confrontée à des habitudes alimentaires malsaines, a entrepris un voyage de transformation en adoptant des choix alimentaires plus conscients.

La consommation consciente pour réduire le stress émotionnel

Sarah a commencé par pratiquer la consommation consciente, une approche qui l'a aidée à être pleinement présente lors des repas. Cela a eu un impact direct sur sa relation avec la nourriture, réduisant ainsi les épisodes de suralimentation liés au stress émotionnel.

Planification des repas pour éviter les choix impulsifs

En planifiant ses repas à l'avance, Sarah a pu éviter les choix impulsifs et peu sains. La planification des repas a non seulement simplifié sa vie quotidienne, mais a également réduit les sources potentielles de stress liées à la prise de décision alimentaire.

Reconnaître et transformer les déclencheurs alimentaires émotionnels

En travaillant avec un professionnel de la santé, Sarah a identifié et transformé ses déclencheurs alimentaires émotionnels. Elle a appris à reconnaître les moments où elle était tentée de se tourner vers la nourriture en réponse au stress émotionnel et a développé des stratégies alternatives pour faire face à ces émotions.

Conclusion

Ce chapitre nous a plongés dans l'influence cruciale de la nutrition sur notre capacité à gérer le stress. À travers les témoignages de Marie, Pierre et Sarah, nous avons exploré les bienfaits des aliments anti-stress, le lien profond entre l'alimentation et la stabilité émotionnelle, et les stratégies pour éviter les habitudes alimentaires stressantes. Dans les prochains chapitres, nous continuerons notre voyage pour découvrir d'autres facettes de la gestion du stress et du bien-être holistique.

Chapitre 12 : La Gestion du Temps pour Minimiser le Stress

Bienvenue dans ce chapitre consacré à l'art de la gestion du temps, une compétence cruciale pour réduire le stress et cultiver un mode de vie équilibré. À travers des témoignages inspirants et des conseils pratiques, nous explorerons les techniques de planification efficaces, la priorisation des tâches pour minimiser le stress, et les stratégies pour éviter la procrastination.

Techniques de Planification Efficaces

Plongeons dans le monde de la planification efficace, à travers l'histoire de Marc, un professionnel débordé qui a transformé son quotidien grâce à des techniques de gestion du temps réfléchies.

Témoignage de Marc : Rétablir l'ordre dans le chaos quotidien

Marc, constamment submergé par des échéances serrées et des demandes incessantes, a trouvé un équilibre en maîtrisant l'art de la planification efficace.

Utilisation d'outils de gestion du temps

Marc a commencé par explorer une variété d'outils de gestion du temps, des applications de productivité aux méthodes traditionnelles telles que les agendas papier. En expérimentant différentes approches, il a identifié l'outil qui correspondait le mieux à son style de travail et à ses préférences personnelles.

La puissance de la liste de tâches

La création d'une liste de tâches quotidienne, hebdomadaire et mensuelle est devenue le pilier de la routine de Marc. Cette pratique lui a permis de visualiser ses engagements et de prioriser ses actions, offrant ainsi une vision claire de ce qui devait être accompli.

Blocs de temps dédiés aux tâches spécifiques

Marc a adopté la technique des blocs de temps dédiés à des tâches spécifiques. En regroupant des activités similaires, il a minimisé les transitions entre les différentes sphères de son travail, optimisant ainsi son efficacité.

Prioriser les Tâches pour Réduire le Stress

Découvrons maintenant comment la priorisation des tâches peut être une clé essentielle pour minimiser le stress. Suivez le récit de Sophie, une entrepreneure jonglant avec de multiples responsabilités.

Témoignage de Sophie : Trouver l'harmonie dans la hiérarchie des tâches

Sophie, constamment sollicitée entre son entreprise et sa vie personnelle, a appris à donner la priorité à ses tâches pour réduire le stress.

Évaluation de l'urgence et de l'importance

Sophie a adopté la matrice d'Eisenhower, une méthode qui classe les tâches en fonction de leur urgence et de leur importance. Cette approche lui a permis de distinguer les tâches pressantes de celles qui contribuent réellement à ses objectifs à long terme.

Déléguer efficacement pour alléger la charge

Sophie a réalisé l'importance de déléguer certaines tâches pour maintenir un équilibre sain entre vie professionnelle et personnelle. Elle a développé des compétences de délégation, identifiant les domaines où d'autres pouvaient contribuer de manière significative à la réalisation des objectifs.

Apprendre à dire non

Sophie a également appris à dire non de manière constructive. En comprenant ses propres limites et en respectant ses priorités, elle a établi des frontières claires, éliminant ainsi la surcharge de tâches non essentielles.

Éviter la Procrastination

Enfin, explorons la procrastination et comment la surmonter pour minimiser le stress. Laissez-vous guider par l'histoire de Thomas, qui a transformé ses habitudes de procrastination pour retrouver le contrôle de son temps.

Témoignage de Thomas : Surmonter la procrastination pour libérer du temps

Thomas, habituellement en proie à des retards constants, a découvert des stratégies pour vaincre la procrastination et libérer du temps précieux.

Identifier les causes profondes de la procrastination

Thomas a entrepris une introspection pour identifier les causes profondes de sa procrastination. Il a réalisé que la peur de l'échec et le perfectionnisme étaient des facteurs sous-jacents qui entravaient sa capacité à démarrer des tâches importantes.

Techniques de gestion du temps pour lutter contre la procrastination

En intégrant des techniques spécifiques de gestion du temps, telles que la méthode Pomodoro, Thomas a divisé ses tâches en segments de temps gérables. Cela a non seulement rendu les projets plus réalisables, mais a également éliminé l'anxiété liée à la procrastination.

Établir des échéances personnelles

Thomas a instauré des échéances personnelles pour chaque tâche, créant ainsi une pression positive pour achever les projets à temps. Cette approche a réduit la tendance à remettre à plus tard et a renforcé sa motivation intrinsèque.

Conclusion

Ce chapitre nous a immergés dans l'importance de la gestion du temps pour réduire le stress, en se basant sur les expériences réelles de Marc, Sophie et Thomas. La planification efficace, la priorisation des tâches et la lutte contre la procrastination sont des compétences essentielles pour créer un équilibre dans nos vies trépidantes. Dans les prochains chapitres, nous continuerons notre exploration des stratégies pratiques pour une gestion du stress holistique.

Chapitre 13 : Techniques de Relaxation Musculaire Progressive

Bienvenue dans ce chapitre dédié à la relaxation musculaire progressive, une approche puissante pour relâcher les tensions physiques et mentales. À travers des récits authentiques et des exercices pratiques, nous explorerons les principes fondamentaux de la relaxation musculaire progressive, des techniques spécifiques pour détendre les muscles, et comment intégrer ces pratiques apaisantes dans la vie quotidienne.

Principes de la Relaxation Musculaire Progressive

Plongeons dans les fondements de la relaxation musculaire progressive à travers le parcours de Marie, qui a découvert cette technique révolutionnaire pour soulager le stress physique et émotionnel.

Témoignage de Marie : De la tension à la détente totale

Marie, constamment tendue en raison de ses responsabilités professionnelles et familiales, a trouvé un soulagement remarquable grâce à la relaxation musculaire progressive.

Comprendre la relation entre le corps et l'esprit

Marie a appris que le corps et l'esprit sont étroitement liés. Le stress mental peut se manifester physiquement sous forme de tensions musculaires. Comprendre cette connexion a été le premier pas vers la gestion efficace du stress par la détente musculaire.

Reconnaître les signaux de tension

En se plongeant dans la pratique de la relaxation musculaire progressive, Marie a développé une sensibilité accrue aux signaux de tension dans son corps. Cela lui a permis d'intervenir rapidement, prévenant ainsi le développement de tensions chroniques.

Considérer la relaxation musculaire comme une compétence

Marie a intégré la relaxation musculaire progressive comme une compétence à développer au fil du temps. Comme toute aptitude, elle nécessite de la pratique régulière pour devenir une ressource fiable dans la gestion quotidienne du stress.

Exercices Pratiques pour Détendre les Muscles

Découvrons maintenant des exercices pratiques qui peuvent être intégrés dans votre routine quotidienne pour détendre les muscles. Suivez le guide à travers l'expérience de Pierre, qui a trouvé des moyens simples mais efficaces pour relâcher les tensions.

Témoignage de Pierre : Libérer les tensions au fil de la journée

Pierre, confronté à des longues heures de travail devant l'ordinateur, a appris à détendre ses muscles tendus en incorporant des exercices simples dans sa routine quotidienne.

Exercice de tension-relâchement progressif

Pierre a adopté l'exercice de tension-relâchement progressif, focalisant son attention sur différents groupes musculaires. En contractant délibérément les muscles pendant quelques secondes, puis relâchant progressivement la tension, il a ressenti un relâchement physique immédiat.

Stretching léger pour relâcher les muscles

Intégrant des séances de stretching léger tout au long de la journée, Pierre a relâché les tensions accumulées. Des étirements simples du cou, des épaules et du dos ont contribué à prévenir la raideur musculaire et à favoriser la circulation sanguine.

Techniques de respiration synchronisée avec le mouvement

Pierre a découvert l'efficacité de synchroniser sa respiration avec le mouvement pour favoriser la détente musculaire. Des respirations profondes et contrôlées pendant les étirements ont amplifié les bienfaits de l'exercice sur son bien-être global.

Intégrer la Relaxation Musculaire dans la Vie Quotidienne

Enfin, explorons comment intégrer la relaxation musculaire progressive dans la vie quotidienne pour en faire une habitude bénéfique. Suivez le récit de Thomas, qui a transformé son approche du stress en adoptant cette pratique régulière.

Témoignage de Thomas : Du rituel à la sérénité

Thomas, souvent pris dans le tourbillon du stress professionnel, a instauré un rituel de relaxation musculaire progressive pour apporter un calme bienvenu dans sa vie quotidienne.

Création d'un espace dédié à la détente

Thomas a créé un espace dédié à la détente dans son environnement quotidien. Un coin tranquille avec une chaise confortable et une ambiance apaisante a été le point de départ de son rituel de relaxation.

Planification régulière de sessions de relaxation

Thomas a planifié régulièrement des sessions de relaxation musculaire dans sa journée. Que ce soit pendant une pause déjeuner ou en fin de journée avant le coucher, il a fait de cette pratique une priorité, lui permettant ainsi de réduire les accumulations de stress.

Utilisation d'applications et de ressources en ligne

Thomas a exploré des applications et des ressources en ligne pour enrichir son expérience de relaxation musculaire. Des guides audio et des séances guidées ont ajouté une dimension supplémentaire à sa pratique, renforçant son engagement envers cette méthode de gestion du stress.

Conclusion

Ce chapitre nous a emmenés au cœur de la relaxation musculaire progressive, en s'appuyant sur les expériences réelles de Marie, Pierre et Thomas. Comprendre les principes de base, intégrer des exercices pratiques et faire de la relaxation musculaire une habitude quotidienne peuvent transformer notre capacité à gérer le stress physique et émotionnel. Dans les prochains chapitres, nous continuerons à explorer des techniques puissantes pour une gestion holistique du stress.

Chapitre 14 : Techniques de Pensée Positive

Bienvenue dans ce chapitre dédié aux techniques de pensée positive, une approche puissante pour transformer votre perspective et réduire le stress. À travers des récits authentiques et des exercices pratiques, nous explorerons le pouvoir de la pensée positive sur le stress, l'utilisation d'affirmations positives, et comment changer les schémas de pensée négative.

Le Pouvoir de la Pensée Positive sur le Stress

Découvrons ensemble comment la pensée positive peut devenir un allié puissant dans la gestion du stress, à travers l'histoire inspirante de Laura, qui a transformé son attitude face aux défis quotidiens.

Témoignage de Laura : De la résignation à l'optimisme

Laura, souvent submergée par des situations stressantes au travail et dans sa vie personnelle, a expérimenté une transformation profonde en adoptant la pensée positive.

Prise de conscience du dialogue interne

Laura a commencé par prendre conscience de son dialogue interne. Elle a réalisé que ses pensées automatiques étaient souvent teintées de négativité, contribuant à son niveau de stress. Cette prise de conscience a été le point de départ de son voyage vers une pensée plus positive.

La pensée positive comme outil de gestion du stress

En intégrant la pensée positive dans sa routine quotidienne, Laura a découvert comment cela pouvait devenir un outil puissant pour contrer le stress. Remplacer les pensées pessimistes par des affirmations positives l'a aidée à aborder les défis avec un état d'esprit plus résilient.

Impact sur la perception des situations stressantes

Laura a constaté que sa perception des situations stressantes avait radicalement changé. En adoptant une attitude positive, elle a commencé à voir les problèmes comme des opportunités de croissance plutôt que des obstacles insurmontables.

Affirmations Positives et Leur Utilisation

Plongeons maintenant dans l'utilisation des affirmations positives, à travers l'expérience de Nicolas, qui a trouvé dans ces phrases un moyen concret de nourrir une pensée optimiste.

Témoignage de Nicolas : La force des mots positifs

Nicolas, confronté à des périodes de doute et de stress liées à son travail, a intégré les affirmations positives comme un élément essentiel de sa routine quotidienne.

Création d'affirmations personnalisées

Nicolas a commencé par créer des affirmations qui résonnaient avec ses propres aspirations et besoins. Ces déclarations positives étaient axées sur la confiance en soi, la résilience et la capacité à gérer le stress.

Rituel matinal avec les affirmations

Intégrant les affirmations positives dans son rituel matinal, Nicolas récitait ces phrases devant le miroir. Cette pratique régulière a renforcé ses convictions positives et a créé une base solide pour sa journée.

Utilisation d'affirmations spécifiques en situation de stress

Nicolas a appris à utiliser des affirmations spécifiques lors de situations stressantes. Plutôt que de se laisser submerger par des pensées négatives, il rappelait consciemment les affirmations qui renforçaient sa confiance et son calme intérieur.

Changer les Schémas de Pensée Négative

Enfin, explorons comment changer les schémas de pensée négative peut avoir un impact significatif sur la gestion du stress, à travers le parcours de Caroline, qui a développé des stratégies pratiques pour transformer ses pensées limitantes.

Témoignage de Caroline : Briser le cycle de la pensée négative

Caroline, confrontée à des cycles récurrents de pensées négatives, a entrepris un voyage pour changer ces schémas destructeurs.

Identification des schémas de pensée négative

Caroline a commencé par identifier les schémas de pensée négative qui alimentaient son stress. Elle a noté les pensées automatiques qui émergeaient dans des situations spécifiques, lui permettant ainsi de prendre du recul.

Reframing : Transformer les pensées négatives en positives

En utilisant la technique du reframing, Caroline a appris à transformer activement les pensées négatives en positives. Par exemple, plutôt que de se dire "Je ne peux pas le faire", elle a substitué cette pensée par "Je peux apprendre et m'améliorer avec chaque tentative".

Pratique régulière de la pleine conscience

Caroline a incorporé la pleine conscience dans sa vie quotidienne pour cultiver une conscience accrue de ses pensées. Cette pratique lui a permis de prendre du recul face aux pensées négatives, évitant ainsi de s'identifier complètement à ces schémas destructeurs.

Conclusion

Ce chapitre nous a plongés dans l'univers transformateur de la pensée positive, en s'appuyant sur les expériences réelles de Laura, Nicolas et Caroline. Comprendre le pouvoir de la pensée positive, utiliser des affirmations personnalisées et changer les schémas de pensée négative sont des éléments clés pour créer un état d'esprit résilient face au stress. Dans les prochains chapitres, nous continuerons à explorer des techniques puissantes pour une gestion holistique du stress.

Chapitre 15 : L'Importance du Sommeil dans la Gestion du Stress

Bienvenue dans ce chapitre consacré à l'importance du sommeil dans la gestion du stress. À travers des récits réels et des conseils pratiques, nous explorerons le lien profond entre le sommeil et le stress, des pratiques pour améliorer la qualité du sommeil, et comment établir une routine de sommeil relaxante.

Lien entre le Sommeil et le Stress

Découvrons ensemble comment une bonne nuit de sommeil peut être un remède puissant contre le stress, à travers le témoignage d'Alexandre, qui a transformé sa relation avec le sommeil pour mieux gérer les pressions quotidiennes.

Témoignage d'Alexandre : Du sommeil perturbé à la tranquillité nocturne

Alexandre, confronté à des nuits agitées et à une fatigue persistante due au stress, a trouvé une solution dans l'amélioration de la qualité de son sommeil.

Compréhension du cercle vicieux entre le stress et le sommeil

Alexandre a réalisé que le stress impactait négativement son sommeil, créant un cercle vicieux où le manque de sommeil alimentait le stress et vice versa. Cette prise de conscience a été le déclencheur de son engagement à améliorer sa routine de sommeil.

Effets positifs d'une nuit de sommeil réparateur

En mettant en place des pratiques pour favoriser un sommeil de qualité, Alexandre a constaté des effets positifs sur son niveau d'énergie, sa concentration et sa capacité à faire face aux défis quotidiens. Une nuit de sommeil réparateur est devenue sa meilleure alliée contre le stress.

Utilisation du sommeil comme outil de gestion proactive du stress

Alexandre a appris à utiliser le sommeil comme un outil proactif de gestion du stress. Plutôt que de voir le sommeil comme une simple nécessité physique, il l'a intégré dans sa stratégie globale de bien-être émotionnel.

Pratiques pour Améliorer la Qualité du Sommeil

Plongeons maintenant dans des pratiques concrètes pour améliorer la qualité du sommeil, à travers l'expérience de Mathilde, qui a adopté des habitudes propices à des nuits reposantes.

Témoignage de Mathilde : Des rituels apaisants pour une nuit sereine

Mathilde, souvent confrontée à des insomnies liées au stress, a trouvé du réconfort dans l'instauration de rituels apaisants avant le coucher.

Création d'un environnement propice au sommeil

Mathilde a transformé sa chambre en un sanctuaire de tranquillité. Elle a ajusté l'éclairage, opté pour des draps doux et introduit des éléments relaxants tels que des diffuseurs d'huiles essentielles. La création d'un environnement propice au sommeil a eu un impact significatif sur sa capacité à s'endormir paisiblement.

Limitation des stimuli électroniques avant le coucher

Consciente de l'effet des écrans sur la qualité du sommeil, Mathilde a instauré une "zone sans écran" une heure avant le coucher. Elle a remplacé le temps passé sur les appareils électroniques par des activités relaxantes telles que la lecture d'un livre ou la méditation.

Rituel de relaxation avant de se coucher

Mathilde a développé un rituel de relaxation spécifique avant de se coucher. Des techniques de respiration profonde, des étirements légers et quelques minutes de méditation ont préparé son corps et son esprit à une nuit de sommeil réparateur.

Établir une Routine de Sommeil Relaxante

Enfin, explorons comment établir une routine de sommeil relaxante peut devenir un pilier essentiel dans la gestion du stress, à travers le parcours d'Emma, qui a trouvé l'équilibre entre des habitudes apaisantes et un sommeil de qualité.

Témoignage d'Emma : Du chaos au calme nocturne

Emma, constamment prise dans le tourbillon du stress professionnel, a réorganisé sa vie pour faire du sommeil une priorité et a établi une routine relaxante.

Fixation d'une heure de coucher régulière

Emma a commencé par établir une heure de coucher régulière, même les weekends. Cette constance a aidé à réguler son horloge biologique, améliorant la qualité de son sommeil sur le long terme.

Activités relaxantes avant le coucher

Emma a incorporé des activités relaxantes dans sa routine pré-coucher. Un bain chaud, la pratique de la gratitude et la tenue d'un journal de pensées positives ont créé une transition douce entre l'agitation de la journée et le repos nocturne.

Suivi de la qualité du sommeil

Emma a utilisé des applications de suivi de sommeil pour évaluer la qualité de ses nuits. En analysant les données, elle a identifié des tendances et ajusté sa routine en conséquence, maximisant ainsi les bienfaits de son sommeil.

Conclusion

Ce chapitre nous a plongés dans l'importance cruciale du sommeil dans la gestion du stress, s'appuyant sur les expériences réelles d'Alexandre, Mathilde et Emma. Comprendre le lien entre le sommeil et le stress, intégrer des pratiques pour améliorer la qualité du sommeil, et établir une routine relaxante sont des étapes essentielles pour une gestion holistique du stress. Dans les prochains chapitres, nous continuerons à explorer des techniques puissantes pour cultiver un bien-être durable.

Chapitre 16 : La Puissance de la Musique Thérapeutique

Bienvenue dans ce chapitre dédié à la puissance de la musique thérapeutique. À travers des récits réels et des conseils pratiques, nous explorerons en détail les effets de la musique sur le cerveau, la sélection de musique apaisante, et comment intégrer la musique dans une routine anti-stress.

Effets de la Musique sur le Cerveau

Découvrons ensemble comment la musique peut influencer notre bien-être émotionnel et mental, à travers l'expérience de Sophie, qui a trouvé dans les mélodies une source inattendue de soulagement du stress.

Témoignage de Sophie : Harmony in the Chaos

Sophie, jonglant avec les pressions professionnelles et les responsabilités familiales, a découvert les effets apaisants de la musique sur son cerveau surmené.

Exploration des réponses émotionnelles à la musique

Sophie a commencé par explorer les réponses émotionnelles qu'elle ressentait en écoutant différents genres musicaux. Elle a constaté que certaines mélodies évoquaient des sentiments de calme et de sérénité, créant une pause bienvenue dans le tourbillon quotidien du stress.

Compréhension des réactions neurologiques

En se plongeant dans la recherche sur la neurologie de la musique, Sophie a appris comment certaines harmonies pouvaient stimuler la libération de neurotransmetteurs tels que la dopamine et la sérotonine. Ces substances chimiques du cerveau étaient associées à des sensations de bonheur et de détente, renforçant ainsi l'impact positif de la musique sur son état émotionnel.

Utilisation de la musique comme ancre émotionnelle

Sophie a utilisé la musique comme une ancre émotionnelle positive. En associant consciemment certaines pièces musicales à des moments de relaxation, elle a créé un mécanisme mental pour déclencher intentionnellement des sentiments de tranquillité lorsque le stress menaçait de prendre le dessus.

Sélection de Musique Apaisante

Plongeons maintenant dans la sélection judicieuse de musique apaisante, à travers l'expérience d'Antoine, qui a affiné son choix musical pour créer une bande-son personnalisée pour son bien-être émotionnel.

Témoignage d'Antoine : Building a Sound Sanctuary

Antoine, immergé dans un environnement professionnel exigeant, a construit son propre sanctuaire sonore en choisissant soigneusement sa musique apaisante.

Exploration de différents genres musicaux

Antoine a entrepris une exploration approfondie de divers genres musicaux, de la musique classique à la musique électronique ambiante. Il a observé attentivement comment chaque genre influençait son état émotionnel et a établi une playlist diversifiée pour différentes situations.

Création d'une playlist personnalisée anti-stress

En créant une playlist personnalisée, Antoine a sélectionné des morceaux spécifiques qui avaient le pouvoir de le transporter mentalement vers un état de calme intérieur. Il a ajusté sa playlist en fonction de son humeur et des défis spécifiques auxquels il était confronté.

Intégration de la musique dans divers contextes

Antoine a intégré la musique apaisante dans divers contextes de sa vie. Que ce soit pendant les moments de méditation, les pauses au travail ou les déplacements, sa playlist personnalisée était toujours à portée de main pour lui offrir un havre de paix sonore.

Intégrer la Musique dans la Routine Anti-Stress

Enfin, explorons comment intégrer la musique dans une routine anti-stress, à travers le parcours de Clara, qui a fait de la musique une composante essentielle de ses stratégies de gestion du stress.

Témoignage de Clara : Rhythms of Resilience

Clara, jonglant avec les exigences du travail et de la vie personnelle, a tissé la musique dans le tissu même de sa routine anti-stress.

Utilisation de la musique comme point de départ de la journée

Clara a commencé sa journée en utilisant la musique comme point de départ. Des morceaux énergisants l'ont aidée à se préparer mentalement pour la journée à venir, créant une ambiance positive dès le matin.

Breaks musicaux pour réduire le stress

Pendant les moments de pause, Clara a instauré des "breaks musicaux". Elle prenait quelques minutes pour écouter une pièce musicale qui la transportait mentalement hors de l'environnement stressant, offrant ainsi une pause bien nécessaire pour réduire le stress accumulé.

Relaxation nocturne avec des sons apaisants

En fin de journée, Clara a intégré des sons apaisants dans sa routine pré-sommeil. Des mélodies douces ont créé un environnement propice à la détente, facilitant ainsi son passage d'une journée active à une nuit reposante.

Conclusion

Ce chapitre nous a guidés à travers les expériences authentiques de Sophie, Antoine, et Clara, révélant comment la musique thérapeutique peut devenir un outil puissant dans la gestion du stress. Que ce soit en explorant les réponses émotionnelles à la musique, en affinant une playlist personnalisée, ou en intégrant la musique dans une routine anti-stress, la musique peut devenir une alliée précieuse pour cultiver le bien-être émotionnel. Dans les prochains chapitres, nous continuerons notre exploration des stratégies pour affronter les défis du stress quotidien.

Chapitre 17 : Pratiques de Pleine Conscience pour le Soulagement du Stress

Bienvenue dans ce chapitre dédié aux pratiques de pleine conscience, une approche puissante pour soulager le stress. À travers des récits réels et des exercices pratiques, nous explorerons en profondeur la définition de la pleine conscience, des exercices spécifiques pour la gestion du stress, et comment intégrer cette pratique dans la vie quotidienne.

Définition de la Pleine Conscience

Plongeons dans la signification profonde de la pleine conscience, à travers le parcours de Marc, qui a trouvé la clarté mentale au milieu du chaos grâce à cette pratique.

Témoignage de Marc : Éveiller la Conscience au Milieu du Tourbillon

Marc, pris dans le tourbillon du stress professionnel et personnel, a découvert la pleine conscience comme un phare de clarté au milieu de l'agitation.

Exploration de la signification personnelle de la pleine conscience

Marc a commencé par explorer ce que signifiait réellement la pleine conscience pour lui. Pour lui, cela impliquait de diriger intentionnellement son attention vers le moment présent, sans jugement, et d'accepter chaque expérience avec ouverture.

Rupture avec la spirale du stress

En pratiquant la pleine conscience, Marc a appris à rompre avec la spirale du stress. Il a développé une capacité à observer ses pensées et émotions sans être emporté par elles, créant ainsi une distance salutaire entre lui-même et le stress.

Cultiver la sérénité intérieure

La pleine conscience est devenue pour Marc un moyen de cultiver une sérénité intérieure. En se connectant pleinement à chaque instant, il a découvert une source de calme profond même au milieu des situations les plus exigeantes.

Exercices de Pleine Conscience pour la Gestion du Stress

Explorez maintenant des exercices concrets de pleine conscience à travers l'expérience de Sophie, qui a intégré ces pratiques dans sa routine quotidienne pour faire face aux défis stressants.

Témoignage de Sophie : Respirer à travers les Vagues du Stress

Sophie, confrontée à des vagues de stress constants, a trouvé un refuge dans des exercices simples de pleine conscience.

Respirer en conscience

Sophie a commencé par des exercices de respiration consciente. En se concentrant pleinement sur chaque inspiration et expiration, elle a découvert un moyen instantané de calmer son système nerveux, même au cœur d'une journée bien remplie.

Balayer l'attention à travers le corps

Sophie a ensuite intégré des exercices de scan corporel. Elle prenait quelques minutes régulièrement pour balayer son attention à travers différentes parties de son corps, relâchant les tensions et créant une connexion consciente avec son être physique.

Observation des pensées sans jugement

En pratiquant l'observation des pensées sans jugement, Sophie a développé une relation plus équilibrée avec ses pensées stressantes. Elle les accueillait simplement, les observait, et les laissait partir, créant ainsi un espace mental plus paisible.

Intégrer la Pleine Conscience dans la Vie Quotidienne

Enfin, découvrez comment intégrer la pleine conscience de manière pratique dans la vie quotidienne, à travers le récit de Thomas, qui a transformé des moments ordinaires en opportunités de calme intérieur.

Témoignage de Thomas : Des Instantanés de Calme au Quotidien

Thomas, cherchant à injecter des moments de calme dans sa routine quotidienne, a trouvé dans l'intégration de la pleine conscience une réponse transformative.

Pleine conscience pendant les activités quotidiennes

Thomas a commencé à pratiquer la pleine conscience pendant des activités quotidiennes. Que ce soit en mangeant, en marchant, ou en effectuant des tâches ménagères, il s'efforçait d'être pleinement présent, transformant ainsi des moments ordinaires en opportunités de calme et de présence.

Créer des rappels visuels pour la pleine conscience

Pour intégrer davantage la pleine conscience, Thomas a créé des rappels visuels. Des notes discrètes sur son bureau ou des images apaisantes sur son téléphone l'invitaient à prendre des pauses conscientes au cours de la journée.

Utilisation de la pleine conscience comme outil d'adaptation

Thomas a fait de la pleine conscience un outil d'adaptation. En se connectant régulièrement au moment présent, il a développé une résilience accrue face aux défis stressants, trouvant une source constante de calme au sein de l'agitation quotidienne.

Conclusion

Ce chapitre a exploré en détail la pleine conscience, en s'appuyant sur les témoignages authentiques de Marc, Sophie et Thomas. La pleine conscience n'est pas simplement une pratique, mais une transformation profonde de la façon dont nous abordons le stress. Dans les prochains chapitres, nous continuerons notre voyage à travers des stratégies pratiques pour affronter les défis du stress quotidien.

Chapitre 18 : Développer la Résilience Émotionnelle

Bienvenue dans ce chapitre consacré au développement de la résilience émotionnelle, une compétence essentielle pour naviguer avec succès à travers les défis de la vie. Nous explorerons en profondeur la signification de la résilience émotionnelle, des techniques pratiques pour renforcer cette capacité, et des stratégies pour gérer les émotions difficiles avec sagesse.

Comprendre la Résilience Émotionnelle

Entamons notre exploration en plongeant dans la signification profonde de la résilience émotionnelle, à travers l'histoire de Sarah, qui a transformé ses épreuves en une source de force intérieure.

Témoignage de Sarah : De l'Adversité à la Résilience

Sarah, confrontée à des épreuves déchirantes, a découvert comment la résilience émotionnelle pouvait être une lumière au bout du tunnel.

Transformation des épreuves en opportunités

Sarah a commencé par comprendre que la résilience émotionnelle ne signifie pas éviter les épreuves, mais les utiliser comme des opportunités de croissance. Chaque défi est devenu un terrain fertile pour cultiver sa force intérieure.

Acceptation des émotions sans jugement

La résilience émotionnelle, pour Sarah, impliquait d'accepter ses émotions sans jugement. Elle a appris à accueillir la tristesse, la colère et la peur comme des compagnons de voyage, reconnaissant que ces émotions étaient des réponses naturelles aux défis de la vie.

Cultiver une vision positive malgré l'adversité

En développant une vision positive malgré l'adversité, Sarah a trouvé un pouvoir transformateur dans la manière dont elle percevait les situations difficiles. Chaque obstacle devenait une occasion de construire sa résilience émotionnelle et de développer une perspective plus robuste face à l'incertitude.

Techniques pour Renforcer la Résilience

Passons maintenant à des techniques concrètes pour renforcer la résilience émotionnelle, en nous inspirant de l'expérience de Nicolas, qui a utilisé des stratégies pratiques pour renforcer sa capacité à rebondir face aux difficultés.

Témoignage de Nicolas : Stratégies Pratiques pour la Résilience

Nicolas, confronté à des changements soudains dans sa vie, a exploré des techniques pratiques pour renforcer sa résilience émotionnelle.

Pratiquer la gratitude au quotidien

La pratique quotidienne de la gratitude a été un pilier central dans le renforcement de la résilience de Nicolas. En se concentrant sur les aspects positifs de sa vie, même dans les moments difficiles, il a cultivé une perspective optimiste qui l'a aidé à surmonter les obstacles.

Établir des liens sociaux solides

Nicolas a également découvert le pouvoir des liens sociaux solides. En partageant ses émotions avec des amis de confiance, il a trouvé un soutien inestimable qui lui a permis de traverser les épreuves avec plus de force émotionnelle.

Développer la flexibilité mentale

La flexibilité mentale est une autre compétence clé que Nicolas a intégrée dans sa vie. Plutôt que de résister aux changements, il a appris à s'adapter et à ajuster ses attentes, développant ainsi une résilience face à l'imprévu.

Gérer les Émotions Difficiles avec Sagesse

Explorez maintenant des stratégies pour gérer les émotions difficiles avec sagesse, à travers le vécu de Marie, qui a utilisé des approches réfléchies pour naviguer à travers les tempêtes émotionnelles.

Témoignage de Marie : Naviguer à travers les Tempêtes Émotionnelles

Marie, confrontée à des tempêtes émotionnelles, a trouvé des moyens sages de gérer ses émotions difficiles.

Pratiquer la pleine conscience émotionnelle

La pleine conscience émotionnelle a été un outil puissant pour Marie. En observant ses émotions sans les juger, elle a développé une compréhension profonde de leur nature transitoire, ce qui lui a permis de les laisser partir plus facilement.

Techniques de régulation émotionnelle

Marie a exploré différentes techniques de régulation émotionnelle. Respirations profondes, pauses méditatives et expressions créatives ont été des moyens par lesquels elle a canalisé ses émotions difficiles, transformant ainsi l'énergie émotionnelle en une force constructive.

Apprendre des émotions plutôt que les réprimer

Plutôt que de réprimer ses émotions difficiles, Marie a appris à les considérer comme des enseignants. Chaque émotion était une invitation à comprendre davantage ses besoins, lui permettant de répondre avec sagesse aux défis qui se présentaient.

Conclusion

Ce chapitre a plongé dans le monde complexe de la résilience émotionnelle, en explorant les expériences authentiques de Sarah, Nicolas et Marie. La résilience émotionnelle n'est pas une qualité innée, mais une compétence qui peut être développée avec la pratique et la réflexion. Dans les prochains chapitres, nous continuerons à dévoiler des stratégies pratiques pour affronter les défis du stress quotidien.

Chapitre 19 : La Gratitude comme Antidote au Stress

Bienvenue dans ce chapitre dédié à la puissance transformative de la gratitude dans la gestion du stress. Ensemble, nous explorerons les multiples facettes de la pratique de la gratitude au quotidien, les effets profonds de cette habitude sur le bien-être, et la création d'un journal de gratitude en tant qu'outil concret pour cultiver cette émotion positive.

Pratiquer la Gratitude au Quotidien

Plongeons dans le premier sous-chapitre en explorant les expériences de personnes qui ont intégré la pratique de la gratitude dans leur vie quotidienne, découvrant ainsi des bienfaits insoupçonnés.

Témoignages de Pratiquants de la Gratitude

L'histoire de Lucie : Transformant les Petites Choses en Grands Bonheurs

Lucie, confrontée à des journées stressantes, a décidé de consacrer quelques minutes chaque soir à la réflexion sur ce pour quoi elle était reconnaissante. Elle a noté des petites choses, comme le sourire d'un collègue ou le soleil à travers les nuages. Cette pratique a modifié sa perspective quotidienne, transformant le stress en occasions d'apprécier les moments simples de la vie.

Les bienfaits sur le bien-être émotionnel

En explorant les témoignages de divers pratiquants de la gratitude, il est frappant de constater les bienfaits sur le bien-être émotionnel. La pratique régulière de la gratitude a été associée à une diminution du stress perçu, à une augmentation de la positivité émotionnelle et à une meilleure résilience face aux défis.

Intégrer la gratitude dans les routines quotidiennes

Des individus ont partagé comment ils ont intégré la gratitude dans leurs routines quotidiennes, que ce soit en prenant quelques instants au réveil pour exprimer leur reconnaissance ou en utilisant des rappels visuels tout au long de la journée. Ces petites adaptations ont eu un impact significatif sur leur capacité à faire face au stress.

Effets de la Gratitude sur le Bien-être

Plongeons ensuite dans le deuxième sous-chapitre pour explorer en détail les effets de la gratitude sur le bien-être, basés sur des faits réels et des études scientifiques.

Témoignages de Transformations Personnelles

L'histoire de Paul : De la Négativité à la Lumière de la Gratitude

Paul, initialement enclin à se concentrer sur les aspects négatifs de sa vie, a entrepris un voyage de transformation grâce à la pratique de la gratitude. En notant chaque jour trois choses pour lesquelles il était reconnaissant, il a progressivement changé son état d'esprit, passant de la négativité à la lumière de la gratitude.

Impact sur la santé mentale

Des études scientifiques ont démontré que la pratique régulière de la gratitude est liée à une amélioration de la santé mentale. La réduction des symptômes de dépression, l'augmentation de la satisfaction de vie et la diminution du stress ont été observées chez ceux qui cultivent activement la gratitude.

Connexion entre gratitude et résilience

En explorant les récits, une connexion claire entre la gratitude et la résilience émotionnelle émerge. Les individus qui ont développé une perspective reconnaissante ont trouvé une force intérieure qui les a aidés à traverser les moments difficiles avec plus de sérénité.

Créer un Journal de Gratitude

Concluons ce chapitre en explorant la création d'un journal de gratitude comme outil concret pour ancrer la pratique de la gratitude dans la vie quotidienne.

Guide Pratique pour Créer un Journal de Gratitude

Étape 1 : Choix du carnet

Le choix d'un carnet dédié à la gratitude peut être le premier pas tangible vers une transformation positive. Certains préfèrent un journal simple, tandis que d'autres optent pour des formats plus créatifs, tels que des journaux illustrés.

Étape 2 : Engagement quotidien

L'engagement quotidien à consigner des moments de gratitude crée une routine bénéfique. Les praticiens partagent des stratégies pour intégrer cette habitude dans leur vie, que ce soit le matin avant le petit-déjeuner ou le soir avant le coucher.

Étape 3 : Diversité des entrées

La diversité des entrées dans un journal de gratitude permet d'explorer les multiples dimensions de la vie pour lesquelles on peut être reconnaissant. Des moments simples du quotidien aux grandes réalisations, chaque entrée contribue à construire une perspective positive.

Conclusion

Ce chapitre a plongé dans le monde de la gratitude, explorant comment cette émotion positive peut devenir un antidote au stress. Les témoignages authentiques et les conseils pratiques offrent une compréhension approfondie de la pratique de la gratitude et de son impact sur le bien-être émotionnel. Dans les prochains chapitres, nous continuerons notre exploration des stratégies pour affronter les défis du stress quotidien.

Chapitre 20 : Conclusion et Plan d'Action Personnalisé

Bienvenue dans le dernier chapitre de notre parcours sur la gestion du stress et la construction de la résilience. Nous avons exploré divers aspects de la gestion du stress, plongeant dans des témoignages réels et des conseils pratiques. Maintenant, clôturons cette aventure en récapitulant les enseignements clés, élaborant un plan d'action personnalisé, et en encourageant la construction d'une vie équilibrée et résiliente.

Récapitulation des Enseignements Clés

Revenons sur les moments forts de notre exploration. Au fil des chapitres, nous avons découvert les mécanismes scientifiques du stress, exploré ses impacts sur la santé mentale et physique, et appris des stratégies concrètes pour le gérer au quotidien. La diversité des approches, allant de la méditation à la musique thérapeutique, a souligné l'importance de trouver des techniques adaptées à chaque individu.

Témoignages Inspirants

Des témoignages authentiques ont émaillé notre parcours, offrant des perspectives uniques sur la gestion du stress. Ces récits réels ont montré que chacun peut trouver son chemin vers la résilience, souvent en puisant dans des ressources insoupçonnées.

Élaboration d'un Plan d'Action Personnalisé

Passons maintenant à la création d'un plan d'action personnalisé. Vous avez acquis une multitude d'outils, mais comment les intégrer dans votre vie quotidienne de manière cohérente et personnalisée ?

Étape 1 : Auto-Évaluation

Commencez par une auto-évaluation honnête de votre situation actuelle. Identifiez les domaines de votre vie où le stress est plus présent et évaluez vos réactions habituelles. Cela servira de base pour cibler les aspects spécifiques à travailler.

Étape 2 : Identification des Techniques Préférées

Parmi les nombreuses techniques explorées, identifiez celles qui résonnent le plus avec vous. Peut-être avez-vous une affinité particulière pour la méditation, ou peut-être trouvez-vous du réconfort dans la musique thérapeutique. Choisissez les approches qui correspondent le mieux à votre style de vie et à vos préférences.

Étape 3 : Intégration dans la Routine Quotidienne

La clé de la réussite réside dans l'intégration régulière de ces techniques dans votre routine quotidienne. Commencez petit, en réservant quelques minutes chaque jour pour une pratique spécifique. À mesure que cela devient une habitude, vous pourrez progressivement étendre ces moments.

Étape 4 : Adaptation Continue

La vie évolue constamment, tout comme vos besoins en matière de gestion du stress. Soyez prêt à ajuster votre plan d'action au fil du temps. Si une technique ne semble pas fonctionner, ne craignez pas d'explorer d'autres approches. La clé réside dans la flexibilité et l'adaptabilité.

Encouragements pour une Vie Équilibrée et Résiliente

Terminons ce chapitre avec des encouragements pour construire une vie équilibrée et résiliente. Se libérer du stress chronique n'est pas un objectif unique, mais plutôt un voyage continu. Voici quelques mots d'encouragement pour vous accompagner sur ce chemin :

"Cher lecteur, rappelez-vous que chaque petit pas vers une gestion du stress consciente compte. Les changements durables émergent de la constance et de l'engagement envers votre bien-être. Vous avez maintenant en main une boîte à outils diversifiée, à utiliser selon vos besoins. Soyez bienveillant envers vous-même, célébrez les petites victoires, et continuez à explorer les joyaux de la résilience. Votre voyage vers une vie équilibrée est une histoire personnelle, écrite jour après jour. Que chaque page soit empreinte de compassion et d'épanouissement."

Don't miss out!

Visit the website below and you can sign up to receive emails whenever Pascal Leroy publishes a new book. There's no charge and no obligation.

https://books2read.com/r/B-A-AELEB-YEWZC

BOOKS2READ

Connecting independent readers to independent writers.